MVP
유두열

SAHARA
BOOKS

차례

프롤로그   8

0_ 국가대표 유두열
     나라를 대표하다   13

1_ 기로
     안타에 목마르다   35

2_ 절정
     김일융을 주저앉히다   45

3_ 몰입
     야구, 또 야구   73

4_ 전수
     코치 유두열   97

5_ 선명
　　겉과 속을 일치시킨 사나이　　　　　117

6_ 광야
　　존재의 이유가 흔들리다　　　　　　131

7_ 침잠
　　암이라는 불청객, 유두열을 가라앉히다　157

8_ 창조
　　더 큰 이야기를 발견하다　　　　　　173

9_ 본능
　　가족바보 유두열　　　　　　　　　　191

에필로그　　　　　　　　　　　　　　　222

＊ 후원 명단　226

우리는 뜨겁게 사랑한다.

그리고,
쉽게 잊는다.

망각의 반복을 멈추고,

한 선수를 기억해야 할 때.

프롤로그

#1

　난, 기어코 따뜻한 시선을 보내야 한다고 믿는 편이다. 〈MVP 유두열〉은 소재웅이란 사람이 가지고 있는 여러 시선 중 따뜻한 시선을 비춰 길어 올린 이야기다. 난 이 책이 훌륭한 책으로 기억되길 기대하지 않는다. 물론, 그렇게 기억된다면 감사할 일이다. 그보단 이 책이 '따뜻한 책'으로 기억되길 바란다. 누군가 이 책을 다 읽은 뒤 마음 한구석이 조금이나마 따뜻해지면 좋겠다.

#2

　〈MVP 유두열〉은 유두열을 아끼는 한 친구로부터 시작되었다. 그는 유두열의 인생 마지막을 가까이서 지키며 정성을 쏟았던 친구였다. 1984년 한국시리즈 7차전, 유두열의 역전 3점 홈런이 터지자 곧바로 자리에서 일어나 뒤풀이 장소를 본인이 잡으러 갈 정도로 유별난 친구였다. 그는 유두열이란 야구 선수가 아무런 흔적도 없이 사라지는 것을 원하지 않았다. 빛과 그늘을 동시에 가진 유두열의 삶이었지만, 그 삶이 더 많은 사람들에게 전해지기 원했다. 이는 꼼꼼한 계산에서 비롯된 제안이 아니었다. 자신이 특별히 아끼는 친구의 삶이기에 잘 복원되어 새로운 생명을 얻기 원했던 거다. 사심 없이 던져진 그의 제안을 난 수락했다. 지극히 본능적으로, 유두열의 삶이 복원되는 건 여러모로 가치 있는 일일 거란 생각이 밀려왔다. 유두열이란 세계로 뛰어들기로 마음먹었다.

#3

지난 1년, 유두열이란 사람을 추적했다. 생전에 단 한 번도 만나보지 못한 그를 알아가고 느끼고 경험하기 위해 필요한 건 무엇보다 '겸손함'이었다. 쉽지 않았다. 일단 유두열이란 사람이 갖고 있던 기질이나 성향은 나와 많이 달랐다. '나였으면 그렇게 하지 않았을 텐데'라고 생각되는 사건들이 너무나 많았다. 그것이 단순히 '다름'으로 끝나는 것이 아니라 유두열이란 사람을 부정적으로 판단하게 만드는 땔감이 되기도 했다. 유두열이란 사람에게 매료되어도 모자랄 판에 부정적인 생각이 밀려올 때마다 참으로 난감했다. 그래도 애썼다. '유두열이란 사람의 삶이 책으로 출판될 정도로 특별한 점이 있는지' 찾고 또 찾았다. 그리고 결국, 찾지 못했다. 내가 만난 유두열은 보통 사람들과 마찬가지로 희로애락을 갖고 살았던 범인(凡人)이었고, 그 시대를 살아간 남자들이 그러했듯 성공과 좌절을 진하게 겪었던 안쓰러운 가장이었다. 1년이 흐른 뒤 내게 남은 건 '인간' 유두열, '보통 사람' 유두열, 그래서 오히려 사랑하게 된 '야구 선수' 유두열이었다.

#4

난 유두열이란 사람의 모든 삶을 다루고 싶진 않았다. 그건 내키지 않는 일이었다. 유두열이란 사람을 잘 나타낼 수 있는 부분에 집중하여 편안하게 전하고 싶었다. 그의 삶을 미화하고 싶지 않았고, 그의 삶을 과장하고 싶지 않았다. 다만 단 한 가지, 따뜻한 시선을 놓치지 않기 위해 부단히 노력했다. 그가 지겨워질 때면 잠시 거리를 두기도 했고, 그를 이해할 수 없을 때는 그를 이해하려고 애썼다. 그가 갖고 있던 평범함 가운데 꿈틀대는 특별함을 포착하고 표현하려고 없는 재능을 쥐어짜기도 했다.

#5

내용이 채워져 가며 끊임없이 두려움에 시달렸다. 기존의 자서전과는 조금 다른 형태라는 점에서 두려웠고 두려움은 자연스럽게 '과연 사람들이 이 책을 통해 유두열을 느낄 수 있을까'라는 생각으로 이어졌다. '백과사전식 나열을 피하고 담백하게 자서전을 써내려가는 의도가 독자들에게 잘 전달될 수 있을까', 걱정이 밀려왔다. 그렇게 내용이 하나하나 채워져 완성되었을 때, 묘하게 자신감이 밀려왔다. 적어도 유두열을 미화하지 않았고, 독자들은 분명 유두열을 느낄 수 있을 거란 믿음이 꿈틀댔다. 물론, 나의 믿음과 독자의 반응이 반드시 일치하리란 법은 없기에 여전히 두렵다.

#6

　　난 이 책이 쓸쓸하게 사라져간 수많은 스포츠 레전드를 위한 책이 되길 바란다. 〈MVP 유두열〉이 신호탄이 되어, 마땅히 기억되어야 할 수많은 레전드들의 삶이 서서히 복원되길 기대한다. 그것은 비단 야구뿐만 아니라 여타 모든 스포츠 종목에서 일생을 걸고 뛰었던 선수들을 포함한다. 팬들은 특별한 선수들에게는 특별한 사랑을 보낸다. 그러나 그들 중 상당수는 쓸쓸한 여생을 보낸다. 팬들은 잘 모른다. 그들이 보내는 쓸쓸한 여생에 대해서 말이다. 대다수 팬들은 뜨거운 사랑을 보내놓고, 차갑게 그 사랑을 걷어간다. 난 그렇게 반복된 지난 수십 년에 제동을 걸고 싶었다. MVP 유두열은, 그래서 기억되어야 한다.

#7

　　이 책은 유두열을 사랑했던 모든 야구팬들을 위한 책이다. 더불어 유두열을 잘 알지 못하는 모든 야구팬들을 위한 책이다. 그러나, 이 책은 그 누구보다도 유두열과 평생을 함께한 그의 가족들을 위한 책이다. 유두열의 두 아들 재준, 재신 군. 그리고 유두열이 평생을 사랑한 아내 구은희를 위한 책이다. 이 책이 '가족 바보' 유두열이 그토록 사랑했던 두 아들과 아내에게 큰 격려와 위로가 되길 진심으로 바란다.

0. 국가대표 유두열

나라를 대표하다

그가 움직이자 나라가 주목했다.

'한국시리즈 MVP' 유두열.
우리가 그를 기억하는 방식이다.

MVP 이전, 그는 국가를 대표했다.

한대화의 결승 3점 홈런과 김재박의 개구리 번트.
1982년, 잠실에서 열린 제27회 세계야구선수권대회는 그 두 가지 이미지로 기억된다.

그곳에 유두열이 있었다.

우승으로 가는 중대한 관문이었던 호주와의 경기.
15회말, 끝내기 희생 플라이를 친 선수가 바로 유두열이었다.

국. 가. 대. 표. 유두열.

제27회 세계야구선수권대회
프로야구가 출범했던 1982년 가을, 대한민국을 뜨겁게 달궜던 대회. 우승을 두고 맞붙은 일본과의 결승에서 5:2 승리를 거두며 정상에 올랐다. 강호 쿠바가 정치적인 이유로 출전하지 않은 대회이기도 하다. 당시 국가대표 선수 중 장효조, 최동원, 심재원, 김진우, 김정수, 조성옥, 그리고 유두열 등이 세상을 떠났다.

 interview 임호균

"한국이 우승을 할 때 상당한 역할을 해줬던 선수 중 하나가 두열이었죠. 꼭 고인이 돼서 좋은 추억이 있다기보다는, 서로 간에 호흡할 수 있는 팀워크를 만들어 가는 부분에서 선수들 가운데서도 모나지 않은 성격을 가졌기 때문에..."

임호균
1987년 최강해태 타선을 상대로 73구 완봉승을 거두었던 투수. 그것은 여전히 프로야구 최소투구 완봉승 기록으로 남아있다. 유두열과 함께 출전했던 1982년 세계야구선수권대회에서는 최고 방어율상을 받았던 제구력의 마술사. 유두열과 1984년 시즌부터 1986년 시즌까지 롯데 자이언츠에서 함께 뛰었다. 경기를 쉬는 날이면 롯데 선수들은 유두열의 집이나 임호균의 집에 모여 피로를 풀었다.

1975년 실업야구 한국전력에 입단.

입단하며 "3년 안에 국가대표가 되겠다"고 다짐했다.
유두열이 결심한 3년에 1년의 시간이 더해져 기회가 왔다.

79년

80년

81년

82년

유두열은 매년 나라를 대표했다.

사람들은 그를 '한국시리즈 MVP'로 기억한다.
그러나 그는 가슴에 태극기를 품고 대한민국을 위해
뛰었던 국가대표 유두열이기도 했다.
두껍고 두툼한 빨간 넥타이가 인상적이다.

개구쟁이 같은 포즈를 취하고 있는 대한민국 야구의 레전드들.
가장 왼쪽에 서서 듬직한 포즈를 취하고 있는 선수가 유두열이다.
어색하게 포즈를 취하고 있는 김시진, 그리고 능숙한 개구쟁이
같은 김재박이 특히 인상적이다. 이들은 1982년 세계야구선수권
대회의 주축이 되어 잠실 야구장에 전설을 새겼다.

0_ 국가대표 유두열

1980년, 동경에서 열린 세계야구선수권대회. 해맑게 웃고 있는 이만수, 진지한 표정으로 카메라를 응시하는 청년 김일권이 눈에 띈다. 유승안의 어깨에 손을 얹은 유두열.

해외 원정길. 거대한 폭포 앞에 선 차동열과 유두열, 그리고 장효조.
수수한 옷차림으로 다른 곳을 바라보는 '타격의 달인' 장효조.

푸르게 빛나는 대한민국 국가대표 선수들. 장효조와 나란히 선 유두열의 붉게 그을린 얼굴이 눈에 띈다. 더우홍 감독, 그리고 홀로 카메라를 응시하는 앳된 얼굴의 강병철 코치가 인상적이다.

대한민국 프로야구 초창기를 이끌었던 두 명의 투수,
김시진과 최동원. 그들 사이에 서서 미소를 띠고 있는 유두열.
김시진과 최동원이 1958년생, 유두열이 그보다 2살 많은
1956년생이다.

평범해 보이는 청년들. 그러나 자세히 들여다보는 순간 입이 딱 벌어지는 사진. 맨 앞줄 가장 오른쪽에 모델처럼 서있는 선동열. 맨 뒷줄 중앙에 서서 환하게 웃고 있는 어우홍 감독.
이들은 잠실에서 열린 세계야구선수권대회에서 일본을 누르고 우승을 이뤄냈다.

그라운드의 김재박이 더 익숙한 우리에게 사진 속 김재박은
참으로 순박해보인다. 김재박과 나란히 앉아있는 다부진 얼굴의
유두열. 김재박이 1954년생으로 유두열보다 2년 선배이다.

그가 나라를 위해서 뛰고 있던 중,
프로 야구가 꿈틀대기 시작했다.

1982년 봄, 프로야구 시대가 열렸다.
말이 프로였지, 실상은 프로와 아마 중간에 걸쳐 있었다.

유두열은 국가대표로 차출되어 활약하며 입단이 1년 늦어졌다.
1983년, 그의 나이 스물일곱에 프로야구 판에 등장했다.

입단 첫 해, 3할을 넘겼다.

박종훈(OB), 장효조(삼성),
그리고 유두열만이 유일하게 3할을 넘긴 신인타자였다.

장효조
유두열과 마찬가지로, 한국에서 열린 제27회 세계야구선수권대회 참가로 1년 늦게 프로에 데뷔한 '타격의 달인' 장효조. 그는 데뷔 첫 해, 타율 1위(0.369), 최다안타 1위(117개)에 올랐다. 은퇴 후 쉽지 않은 삶을 살아내야 했던 그는 2011년 9월, 세상을 떠났다. 죽음을 맞이하기엔 이른 감이 있었던 55세의 나이. 그가 세상을 떠나고 일주일 후, '롯데 영원한 레전드' 최동원 역시 세상을 떠났다. 53세라는 나이로 맞이한 서글픈 죽음이었다.

interview 김용희

"어떻게 보면 프로야구 초기에 운동했던 사람들은 체력적으로도 준비가 안 되어 있었어요. 여러 가지 멘탈적인 면도 확실한 프로의식 같은 건 사실 없었죠. 그런 게 뭐 한꺼번에 하루아침에 되는 건 아니니까요. 당시만 해도 시스템이 없었죠. 어떻게 몸 관리 하는지도 모르고...쉬는 건 그야말로 그냥 쉬는 게 맞는 줄 알았던 그런 때니까...우리는 뭐 프로야구를 했다는 점에서는 큰 혜택을 받은 거지만 그런 걸 준비한 선수는 없었다는 거죠. 뭐 어쩔 수 없는 거니까."

김용희

'미스터 롯데' 김용희. 그는 현역시절 김용철과 함께 롯데 타선의 선봉장으로 활약했다. 롯데자이언츠 7대 감독으로 부임하여 1995년, 롯데 자이언츠를 한국시리즈 준우승으로 이끌기도 했다. 그 후 삼성 라이온즈-SK 와이번스 감독 등을 거쳤다. 유두열의 롯데 자이언츠 팀동료였던 그는 유두열과 경리단(상무 야구단의 전신)에서 뛰며 군(軍)생활을 함께 했다. 그는 이렇게 말한다. "두열이는 플레이 자체가 굉장히 다부졌죠. 또 어떻게 보면 군대식, 정말 나가서 맞아라 하면 들이대서라도 맞으려고 하고...군대 생활도 같이 했거든요. 스타일이 딱 그렇습니다. 얼굴의 이미지도 그렇지만...의리도 있고."

해를 넘겨 1984년, 유두열의 타율은 2할 2푼 9리로 추락했다.

팀은 한국시리즈에 올랐다.

삼성은 자신의 상대로 OB가 아닌 롯데를 골랐다.
노골적인 선택이었다.

롯데는 삼성이란 거함을 만났다.

거함 앞에 선 거인은 작아 보였다.

프로야구 초유의 져주기 시합
1984년 당시 프로야구는 전기리그와 후기리그로 나뉘어 전기리그 우승팀과 후기리그 우승팀이 한국시리즈에서 격돌하는 방식이었다. 삼성은 전기리그 우승을 거두며 한국시리즈 진출을 확정지은 상태였고 후기리그 마지막 2경기에서 롯데와의 일전을 앞두고 있었다. 롯데와 OB가 후기리그 우승을 다투던 상황에서 삼성은 까다로운 OB를 피하고 만만한 롯데를 상대로 고르기 위해 초유의 져주기 게임을 했다. 이 경기가 그대로 중계가 되며 당시 방송사에는 삼성을 맹비난하는 전화가 빗발쳤다.

🎤 interview 강병철

"(삼성과의 한국시리즈를 앞두고) 내가 선수들에게 이야기했어. 그래도 서울은 가야할 거 아니냐고. 대구에서 2게임, 부산에서 2게임, 그중 1승만 하면 서울 가잖아. 서울도 못 가고 전패로 져버리면 정말 올라올 때 바보 되니까. 누가 봐도 삼성이 우승인 상황이었고, 우리는 전력이 부족했으니까. 삼성은 그 당시 멤버가 국가대표 한 팀이잖아. 우리가 믿을 건 최동원밖에 없었지. 최동원이를 1-3-5-7로 가느냐 2-4-6으로 가느냐였는데...어차피 안 되는 거 1-3-5-7로 가자 결정했지."

강병철
롯데 자이언츠 2대.6대.12대 감독. 롯데 자이언츠가 거둔 2번의 한국시리즈 우승 모두 강병철 감독이 롯데 자이언츠를 이끌 때 터져 나왔다. 1983년, 강병철 감독이 박영길 감독을 이어 롯데 자이언츠 감독대행으로 부임했을 당시 그의 나이는 불과 37살이었다. 그만큼 선수들과 강병철 감독 사이에는 허물이 없기도 했다. 그는 유두열의 캐릭터를 이렇게 기억한다. "두열이는 사근사근한 스타일은 아니었지. 하라고 하면 된다는 스타일이니까. 맘에 걸리는 게 있으면 한잔 하는 스타일이기도 하고. 당시 마산 쪽이 좀 막걸리 쪽이었어. 마산 친구들한테 걸리면 저녁에 붙잡혀서 그 다음날 일어나지를 못해...(웃음) 당시...두열이도 마산상고를 나왔으니깐."

그렇게 전설의 84년 한국시리즈가 시작됐다.

1차전 롯데 4:0 최동원 완봉승, 대구(대구 구장)

2차전 삼성 8:2 김일융 승, 대구(대구 구장)

3차전 롯데 3:2 최동원 완투승, 부산(구덕 구장)

4차전 삼성 7:0 김일융 승, 부산(구덕 구장)

5차전 삼성 3:2 김일융 승, 서울(잠실 구장)

6차전 롯데 6:1 최동원 승, 서울(잠실 구장)

'밑져야 본전'이라는 마음으로 뛰어든 롯데.
'이겨야 본전'이라는 마음으로 뛰어든 삼성.

부담감의 차이일까,
모두의 예상을 뛰어넘어 3승3패가 새겨졌다.

1_ 기로

안타에 목마르다

거대한 바다 앞에 섰다.
그는 자신의 역할을 알았다.

다만, 뜻대로 되지 않을 뿐이었다.

17타수 1안타.
유두열이 받은 가을 야구 성적표였다.

운명의 한국시리즈 7차전을 앞두고,
6차전까지 그가 때린 안타는 단 한 개.

치고 싶었다.

정확히 맞추고 싶었다.

영웅이 되고 싶은 건 아니었다.
그저, 팀이 우승하는 데 분명한 도움이 되고 싶었다.

🎤 interview 김용희

"마지막 7차전을 앞두고 선수들의 분위기는 할 수 있다는, 이겨야 한다는, 어떻게 보면 사명감 비슷한 그런 게 있었어요. 반드시 승리해서 팬들에게 보답하려는 마음이었죠. 우승이라는 게 하나의 목표잖아요. 삼성도 강했지만 우리가 더 강했어요. 아주 뒤 7차전을 앞두고는 빨리 시합을 하고 싶어 했을 정도였으니까요. (시리즈 내내 계속되는 부진으로) 두열이가 아마 고민이 많았을 겁니다. 보는 우리도 알지만, 조언을 건넨다거나 하는 식으로 쉽게 건드릴 수 있는 부분은 아니었죠."

17타수 1안타.

그렇다고 위축될 순 없었다.
자신감을 잃는 순간, 더 깊은 수렁으로 빠져든다.

기자들은 강병철 감독에게 질문을 퍼부었다.
유두열을 7차전에도 기용할 것인지에 대해.

유두열은 변함없이 경기장에 섰다.

그것도 5번 타자로.

김용희-김용철-유두열.
이 세 명이 롯데의 운명을 쥔 클린업 트리오였다.

오더 실수
한국시리즈 7차전을 앞두고 강병철 감독은 유두열을 5번이 아닌 6번 타자로 배치했다. 그러나 기록원의 실수로 유두열은 5번으로 배치됐고, 강병철 감독은 경기 시작 직전 이를 알아챘지만 그대로 유두열을 5번 타자로 기용했다.

🎤 interview 김용철

"유두열 선배는 자신감을 잃거나 하는 스타일은 아니에요...그런데 시리즈 내내 실력이 안 나오니까 맘에 안 들죠 자기 자신이. 하려고 하는 의욕은 굉장히 강한데 그런 큰 경기에서 타순에서의 자기 역할이 부진했으니까. 그렇다고 자기 자신을 믿지 못한다거나 그런 건 아니었을 겁니다. 수비는 별 문제가 없었어요. 잘 했으니깐...팀이 이기는데 역할을 해줘야 하는데, 안타도 치고 타점도 올려주고 해야 하는데 그러지 못해서 팀에 미안함도 있었을 테고. 오히려 하려는 의지가 강하다보니 그게 압박이 되지 않았나 싶어요."

김용철
프로야구 롯데 자이언츠 창단멤버로 초창기 롯데 자이언츠 타선의 핵심 중의 핵심이었다. 그는 선수협의회 파동으로 인한 구단과의 마찰로 1988년 사실상 장효조와 맞트레이드 되며 롯데 자이언츠를 떠나야 했다. 그 후 삼성 라이온즈 코치-현대 유니콘스 코치-롯데 자이언츠 감독 대행 등을 거치며 경찰청 야구단 초대 감독으로 활약했다. 그는 1984년 한국시리즈를 추억하며 "7차전에서 삼성 이기고 우승이 확정됐을 때, 다들 마운드로 가서 최동원이한테 안겼어요. 당시 1루를 보던 저는 뒤로 돌아서 우익수 자리에 있는 유두열 선배한테 뛰어가서 안겼지(웃음)."라고 덧붙였다.

17타수 1안타.
18타수 1안타.
19타수 1안타.

7회초, 20타석을 채웠을 때 드디어 두 번째 안타가 나왔다.
중견수 장태수에게로 뻗어간 안타.
포수 한문연의 안타가 이어졌다.
우익수 장효조의 수비 미스로 유두열은 2루를 돌아 3루로 향했고,
결국 홈을 밟았다.

그렇게 다시 한 번 감(感)을 끌어올렸다.

후속 타자 정영기의 안타가 터지며 한문연 홈인.

스코어 3:4.
롯데는 삼성을 바짝 추격했다.

어쩌면, 사건이 터질지도 모르겠다는 기운이 감돌았다.

누군가는 느꼈는지도 모른다.
그가 잠시 후 일으킬 기적을.

2_ 절정

김일융을 주저앉히다

바다 앞에 선 남자는
힘차게 손을 올렸다.

눈을 질끈 감은 채로.

8회초 롯데 공격.
스코어 3:4.

3번 타자 김용희 안타.
4번 타자 김용철 중견수 앞 안타.

김용희는 2루를 거쳐 3루까지 내달렸다.
공을 잡은 중견수 장태수의 3루 송구.

세이프.

1사 1,3루.
타석에 유두열이 등장했다.

6차전까지의 처참함을 일거에 뒤집을 수 있는 기회.

강병철 감독은 김용희.김용철.이희수 코치,
그리고 유두열을 불러모았다.
강 감독은 유두열에게 이야기했다.
"두열이 니는 니 배팅을 하라"는 주문이었다.

interview 강병철

"혹시 카운트가 나쁠 때 사인이 나더라도 두열이 너는 니 배팅을 하라는 주문을 했지. 예를 들어 힛앤런(치고 달리기)을 하면 굴려주려고 땅에 살짝 대잖아, 그게 기본이니까. 그렇게 하지 말고 여기서는 상관 말고 니 스윙을 해라, 스퀴즈는 없으니까. 스퀴즈 해서 뭐 할 거야. 찬스에 역전을 시켜야지…롯데 힘을 가지고 동점 만들어 봐야 못 이기잖아. 찬스가 왔을 때 소위 말해서 엎어야지. 안 엎으면 지잖아. 그런데 두열이가 홈런을 칠 줄은 몰랐지. 어느 감독이건 게임하면서 홈런은 별로 기대 안 해. 홈런이 아니더라도 좌우중간, 아니면 단타라도 안타를 쳐준다면 동점에 찬스가 또 나는 거니까…그걸 기대했지."

유두열과 마주선 투수 김일융.

살아남아야 하는 자, 그리고 죽여야 하는 자.
뒤집으려는 자, 그리고 지켜야 하는 자.

1구, 바깥으로 흘러가는 볼.

2구, 몸쪽으로 파고드는 스트라이크.

김일융은 1루로 견제구를 하나 던지며 호흡을 다듬었다.

지쳐보였다.

김일융
1983년 재일교포 투수 장명부(삼미 슈퍼스타즈)가 30승을 올리며 센세이션을 일으키자 프로야구 구단들은 재일교포 선수 영입에 뛰어들기 시작했다. 1970년대 후반 요미우리 자이언츠 에이스로 활약했던 김일융을 두고 삼성 라이온즈와 OB 베어스는 치열한 영입 경쟁을 펼쳤고 결국 김일융은 삼성 라이온즈 유니폼을 입었다. 한국에서 활약한 3년간 김시진과 원투 펀치를 이루며 맹활약한 김일융은 1987년 일본으로 돌아가 11승을 거두며 활약하여 컴백상을 수상했다.

🎤 interview 강병철

"김일융도 마지막 7차전은 거의 그로기 상태였어. 볼에 힘이...쟤 떨어졌구나 싶었지. 그런데도 삼성 김영덕 감독이 교체하지 않은 건... 그분 성품이라고 봐야지. 그분의 페넌트레이스 운용을 나는 최고라고 봐. 그런데 그분이 가지고 있는 약점이 있다면 선수들을 다양하게 활용하기 보다는 자신이 믿는 선수를 고집하는 거지. 당시 그분의 머리에는 김일융이밖에 없었던 거야. 만약 김일융이 '도저히 못 던지겠습니다'라고 해서 투수라도 교체됐으면 우리가 아마 졌을거야."

3구,

밀려가듯 간신히 던져진 공이 유두열에게 갔다.

홈런을 의식하고 친 건 아니었다.
깊숙한 외야플라이라도 됐으면 싶었다.

공은 좌익수 키를 훌쩍 넘겼다.

홈런.

잠실구장은 요동쳤고,
부산에 지진이 일어나는 순간이었다.

 interview 박현주

"한국시리즈 7차전에서 역전 3점 홈런이 터졌을 당시 제가 11살이었어요. 최근의 사건으로 비교하자면, 2002년 월드컵 때 그 규모의 함성과 그 열정이 부산시내 골목골목마다 있었다고 보면 돼요…"

박현주
박현주 작가는 2016년 10월2일 KBS 1TV에서 방영됐던 〈미래기획2030〉(웰다잉의 조건, 호스피스)를 제작하는 과정을 통해 유두열의 생애 마지막 수개월을 방송 작가로서 함께 하며 그의 투병 생활을 생생히 지켜봤다. 그녀는 1984년 한국시리즈 당시 야구를 잘 몰랐고 지금도 그렇지만, 유두열의 홈런이 터졌던 순간만큼은 생생하게 기억한다. 부산에 살았던 그녀는 이렇게 말한다. "그때나 지금이나 야구를 잘 모르지만 유두열이란 이름은 분명히 기억하죠. 레전드잖아요…"

6:4 역전.

3루를 지키던 이희수 코치는 유두열을 업었다.
이희수의 등을 거쳐 유두열은 홈으로 향했다.

그가 살아오며 밟아본 모든 길 중 가장 황홀한 대로였다.

누군가는 유두열을 행운의 사나이로 기억한다.
그러나 그것은, 철저히 준비된 자에게 따라온 결과였다.

 interview 이희수

"두열이가 힘이 좋아요. 힘이 좋으니까 그렇게 넘어간 거 아니겠어요? 센스도 있고, 한수 읽는 거도 좋고."

이희수

1984년 당시 롯데 자이언츠 코치는 세 명이었다. 도위창, 서말구, 그리고 이희수. 당시 육상 100m 한국기록 보유자였던 서말구 코치는 대주자 요원 및 주루 코치 역할을 위해 영입됐다. 강병철 감독과 함께 롯데 자이언츠의 한국시리즈 우승을 이끈 이희수 코치는 이후 빙그레 이글스 코치를 거쳐 1999년 한화 이글스 감독으로 부임해 창단 첫 우승을 이끌었다. 그는 유두열을 추억하며 "승부욕이 아주 강했다"는 점을 강조했다.

유두열의 홈런에 최동원이 반응했다.
공에서 에너지가 끓기 시작했다.

처지가 바뀌었다.

지키려는 자, 그리고 엎으려는 자.

삼성은 역시 삼성이었다.
끝까지 추격했다.

9회말 2사 3루.
타석에 선 장태수.

장태수 뒤에는,
장효조가 있었다.

🎙 interview 강병철

"최동원이도 속된 말로 비실비실하다가 역전을 딱 시키니까 힘이…그게 최동원이 최고의 장점이야. 60프로 50프로 던지다가 갑자기 100프로로…그러니까 그게 최동원이라고. 해태, MBC, 삼성 같이 강한 팀이랑 붙으면 기가 막히게 던져요. 그런데 삼미 같은 약팀이랑 붙으면 똑같이 약해져요. 스타 기질이 있는 거지. 스트라이크 던지다가 홈런 맞잖아. 그러면 다음 타석 때 거기다가 반드시 또 던져…그리고 두열이가 홈런 쳤을 때 다들 펄쩍펄쩍 뛰는데 감독인 나는 또 나머지 2이닝을 준비해야 하는 거니까…마냥 기뻐할 수가 없었지. 그건 어느 감독이건 마찬가지일 거야."

9회말 2아웃 주자 3루.

투수 최동원.
타자 장태수.

1구 바깥쪽 스트라이크.
2구 바깥쪽 볼.
3구 바깥쪽 볼.
4구 1루 쪽 파울.
5구 1루 쪽 파울.
6구 몸쪽 높은 볼.
7구,

헛스윙.

롯데 우승.

한국시리즈 4승의 최동원.
7차전 결승홈런의 유두열.

한국시리즈 MVP는 유두열이었다.

🎤 interview 김용희

"84년에 우승했던 그 순간이 저한테는 제일 큰 장면이죠. 스토리가 있는 시합이었으니까…이기고 지는 건 늘 있지만 이건 정말 극적인 스토리가 있는 시합이었으니까. 당시 한국시리즈 MVP 투표에서 동원이 두열이 동원이 두열이 이런 식으로 몇 번씩 MVP가 왔다 갔다 했다고 하더라구요…"

롯데 팬들의 가슴에 전설이 새겨지는 순간이었다.

그들은 지금도 꿈을 꾼다.
또 다른 전설을...

1984년 10월 11일 자 일간 스포츠 신문. 신문 기사 왼쪽 하단에 크게 박힌 '柳斗烈 대역전 드리런'이란 글씨가 눈에 들어온다. 기사 오른쪽 상단, 정규시즌 MVP를 수상한 최동원 사진도 보인다.

롯데 자이언츠 올드팬들의 가슴을 뛰게 만들 사진. 김용철의
짧은 바지가 단연 압권이다. 다른 선수들보다 한뼘은 더 큰 키로
해맑게 웃고 있는 '미스터 롯데' 김용희.

유두열 옆에 앉아있는 서말구 코치. 2015년 11월, 심장마비로 별세한 그는 롯데 자이언츠에서 러닝 트레이너로 활약했다. 공항에 앉아 이륙을 기다리는 롯데 자이언츠의 전설들.

'제구력의 마술사'로 불린 임호균. 일찌감치 국가대표에 뽑혀
단골로 활약한 그는 유두열의 롯데 자이언츠 동료이기도 했다.
동료들의 증언에 따르면 그는 패션 센스가 남달랐다고 한다.

프로야구 초창기 롯데 자이언츠 선수들과 코치진. 누가 누군지
알아보기 힘들 정도로 다들 얼굴이 검게 그을려 있다.
이들의 훈련은 그해 가을 한국시리즈 우승이라는 열매를 맺었다.
장신 김용희는 어느 사진이건 눈에 띈다.

롯데 자이언츠가 거둔 두 번의 한국시리즈 우승 모두를 지휘했던 강병철 감독. 그라운드의 승부사였던 그였지만 사진 속 그는 영락없이 동네 아저씨. 〈MVP 유두열〉 집필을 위해 만났던 강병철 감독의 짙은 눈썹은 세월이 지나도 그대로였다.

다정하게 유두열의 손을 잡고 있는 이희수 코치.
얼핏보면 형제처럼 보일 정도로 외모가 흡사하다.
두 명의 남자 뒤로 어딘가를 응시하고 있는 김용철.
흥미롭게도 세 명 모두 같은 신발을 신고 있다.

선배 유두열과 후배 김민호. 프로야구 초창기 롯데 자이언츠를 이끌었던 유두열, 그리고 초창기를 지날 때쯤 롯데 자이언츠의 중심 타자로 떠오른 김민호. 김민호는 선배 유두열을 잘 따랐던 후배 중 하나였다.

유두열이 평생의 동반자와 언약을 맺었던 날. 전설의 1984년 가을을 지나 새해가 되고, 얼마되지 않아 유두열은 결혼에 골인했다. 결혼식이 끝나기 무섭게 유두열은 새로운 시즌 준비에 매진해야 했다.

꿈같던 1984년 가을이 지나
1985년이 왔다.

한국시리즈 MVP의 기세를 움켜쥐고
1985년 시즌을 향해 돌진할 준비를 했다.

3_ 몰입

야구, 또 야구.

바다를 건넌 남자는
길을 걸었다.

특별한 게 없는 길이었다.

그래도 걸었다.
늘 그래왔던 것처럼.

1985년, 유두열은 세 자리 수 안타를 때렸다.
그가 세 자리 수 안타를 기록한 유일한 시즌이었다.

홈런 7위
타점 10위
출루율 7위
장타율 5위

사구 1위, 14개의 공을 몸에 받아가며 베이스를 채웠다.

꽉 찬 85년을 보내고 평평한 6년의 시간이 밀려왔다.
어쩌면, 그건 그가 그렸던 야구는 아니었을지도 모른다.

스스로에 대한 실망감이 밀려들기도 했다.

그러나 스물일곱이라는 나이에 프로를 시작한 그에게는,
자연스러운 변화이기도 했다.

1루까지의 거리가 멀어지는 순간이 온다.
발보다 수비수의 송구가 빨라지는 순간이 온다.
그건 누구에게나 오는 변화다.

물론, 모든 순간이 평범한 건 아니었다.
화려했던 순간도 있었다.

그러나,
그에게 중요한 건 그게 아니었다.

순간이 모여 만드는 결과가 아니라
순간을 야구로 채울 수 있느냐가 중요했다.

그에겐 반드시 지켜내야만 하는 게 있었다.

 interview 이창열

"두열이가 얼마나 연습벌레냐 하면, 옛날에는 해외 전지훈련 안 가고 국내에서 훈련하기도 했거든요. 저녁에 맥주 한잔 하자고 그러니까 '한 시간 기다려라' 그러는 거예요. 보면 배팅을 하고 있어요. 목표가 700개인데 100개 남았다면서 기다리라고 하더라고요. 정말 독하게 했어요."

이창열
유두열의 현역시절, '두용 후원회'라는 모임이 있었다. 유두열과 김용철, 이 두 선수의 플레이를 격려하고 응원하기 위해 결성되었던 모임이었다. 유두열의 '두'와 김용철의 '용'을 따서 '두용 후원회'라는 이름이 지어졌다. 이창열은 당시 '두용 후원회'의 총무로 활동하며 유두열, 김용철과 깊은 관계를 맺었다. 이 모임은 훗날 '호랑나비' 김응국 선수를 후원하며 명맥을 이어갔다. 한국시리즈 MVP를 받은 유두열은 부상으로 자동차 '맵시'를 받았는데, 돈을 절약하기 위해 당시 인천 부평까지 올라가 직접 차를 받아왔다. 차를 받아 부산으로 내려온 유두열이 처음으로 차에 태웠던 인물이 바로 이창열이기도 했다. 차량번호 3733. 유두열의 백넘버 33을 집어넣은 번호였다.

그는 오직 야구를 향해서 몰입했다.

그건 그가 야구를 시작하고 은퇴할 때까지,
아니 그가 선수들을 가르칠 때까지도 이어진 태도였다.

그는 야구밖에 모르는 야구 바보였다.

🎤 interview 임호균

"두열이…뭐 어떻게 보면 촌놈이죠(웃음). 순박하다고나 할까요. 자기가 좋아하는 부분에 대해서는 아주 정직한 친구였기 때문에 무엇을 한다고 할 때는 거기에 올인 할 수 있는…그런 성격이었어요. 고지식할 정도로 연습이라든가 이런 부분에서 충실했던 부분이 있었기 때문에, 어떻게 보면 후배들도 그런 부분들을 보면서 무언가를 배웠을 거예요. 꼭 기술적인 부분들을 배운다는 거 보다는 선배가 저렇게 하기 때문에 이렇게까지 할 수 있었구나…라는 부분을 느끼는 순간이 많이 있었겠죠."

다른 것을 못해서가 아니었다.
오히려 그는 다재다능했다.

인생을 즐길 수 있는 여지가 있는 사람이었다.

그러나 그의 삶은 늘 야구를 중심으로 돌아갔다.

이건 결코 당연한 사실이 아니다.

누군가는,
신기루를 찾아 야구를 변방(邊方)으로 밀어내기도 한다.

자신의 업(業)을 잊은 채 말이다.

 interview 김인식

"노래도 잘하고…걔가 목소리가 트였어요. 글씨도 잘 쓰고…그쪽으로 공부했으면 나름대로 잘했을 거예요. 그녀석이 또 미식가라서 하여간 맛있는 거만 먹어요(웃음). 라면도 잘 끓이고…전기 그런 것도 다 잘 만졌어요."

김인식
'원조 악바리'이자 MBC 청룡 창단멤버로 7년간 활약한 선수. OB 베어스 김형석에게 기록이 깨지기 전까지 606경기 연속출장기록을 보유하기도 했다. 충훈고 야구 감독을 맡으며 코치 유두열과 호흡을 맞췄다. MBC 청룡을 사랑했던 야구팬들은 그를 '화려하진 않지만 팀을 위해 헌신했던 근성 있는 선수'로 기억한다. 유두열의 아내 구은희는 "남편이 가장 행복하게 코치를 했던 시절이 바로 충훈고 코치 시절"이라고 말한다. 그만큼 당시 코치 유두열은 감독 김인식을 신뢰했다.

한계를 짓는 자,
한계를 허무는 자.

유두열은 후자였다.

달려들며 연습했다.

건성으로 연습량이나 채우는 건,
그가 극도로 혐오하는 짓이었다.

연습량이 곧 성적으로 이어지지 않더라도,
그는 그것이 옳다고 여겼다.

 interview 이희수

"연습이요? 야구장에 들어서면 지기 싫어하는 악바리에요. 두열이가 와일드하죠 아주. 요새 그런 선수 없어요."

그는 몰입하는 자에게만 주어지는 실력(實力)을 거머쥐었다.

대중들은 스포츠 스타들을 보며 착각에 빠지곤 한다.
그들의 실력이 타고난 DNA에서 비롯됐다는 착각 말이다.

사실 그들은 누구보다 노력하는 자들이다.

유두열은 '유두열'이란 세 글자에 자신의 모든 것을 걸고 연습했다.

🎤 interview 박정태

"그냥 유두열이 되는 게 아니에요. 뼈를 깎는 고통에 대한 준비가 되어 있어야 하는 거거든요. 굉장히 강직하신 분이에요. 그 정도 강한 정신이 없으면 거까지 올라갈 수가 없어요. 그리고 자연스럽게 외골수가 됩니다."

박정태
롯데 자이언츠 '탱크' 박정태. 대한민국을 대표하는 2루수였던 그는 현역시절 근성 있는 플레이와 정확한 타격으로 롯데 자이언츠에 열정과 혼을 불어넣었다. 1991년 롯데에 입단한 그는 당시 유두열의 눈도 마주칠 수 없을 정도로 까마득한 후배였다. 그는 유두열의 첫인상을 이렇게 기억한다. "저는 입단했을 때 노인정에 들어온 줄 알았어요. 유두열 선배, 장효조 선배...첫날 라커룸에 가니까 유두열 선배님을 비롯해서 선배들이 앉아 있는데 숨도 못 쉬겠더라구요. 쳐다보지도 못하고..."

열정은 일상이 되어야 한다.
일상에서 밀려나는 열정은, 실은 죽은 열정이다.

결혼이라는 일상이 그에게 밀려왔지만,
야구를 향한 몰입은 자연스럽게 일상 속에 스며들었다.

 interview 구은희

"신혼시절, 시합 후에 집에 와서도 아파트 옥상에서 매일 스윙 연습을 하는 거예요. 저는 그래서 그게 일종의 숙제인 줄 알았어요. TV 보면서 팔굽혀펴기를 하고, 거실 유리창을 거울 삼아 스윙을 하고...약속이 있는 날엔 새벽 귀가 후에도 본인의 숙제는 하고 잠자리에 들더라구요. 그리고 자기 야구 용품을 정말 아끼고 사랑했어요. 엄마가 아이들 옷을 보며 짓는 미소 비슷한 느낌..."

구은희

유두열의 아내. 유두열과의 첫 만남은 그리 상쾌하지 않았다. 구은희는 남편 유두열을 처음 만났던 날을 이렇게 회상한다. "어떤 사람이 청바지에 파란 야광잠바에 짧은 머리를 하고 땀을 뻘뻘 흘리면서 오는데 옆에 앉아있던 언니한테 '저런 사람만 아니면 돼'라고 했어요. 그런데 그 사람이 남편이었던 거예요. 그래놓고 혼자서 30분을 떠들더니 선수 미팅이 있어서 올라가겠다고 하더라고요. 그래놓고 30분만 있다가 다시 오겠다고, 꼼짝 말고 있으라는 거예요...(웃음)"

선수 생활이 시작됐을 때,
그리고 선수 생활이 끝나갈 때.

두 순간 모두 유두열의 자세는 동일했다.

역할의 차이가 있었지만,
역할을 감당하는 동력은 비슷했다.

헌신, 그리고 성실함이었다.

 interview 김민호

"두열이 형이 깡다구도 있고 승부욕도 강하고…저랑 잘 맞았어요. 물론 그런 부분들을 싫어하는 후배들도 있긴 했죠(웃음). 제가 두열이 형을 좋아한 이유가 있어요. 군대에서도 밤새 열심히 할 정도로 야구를 열심히 했거든요. 그리고 보통, 선수들은 말년에 두 가지 모습이 나타나요. 아예 포기를 하거나, 팀과 후배를 위해 헌신하거나…두열이 형은 후자였어요. 개인연습에 몰두하기보다는 팀과 후배를 위해서 헌신했죠."

김민호
'자갈치' 김민호. 1984년 프로에 데뷔한 그는 84년과 92년 롯데가 거둔 두 번의 한국시리즈 우승을 모두 경험한 선수이기도 하다. 김용희-김용철로 대표되는 롯데 자이언츠 1세대를 이어 2세대 중심타자로 활약한 그는 1988-1992년, 5번의 시즌 동안 89년의 0.291를 제외하곤 모두 3할 이상을 기록하며 정교함과 한 방을 동시에 갖춘 선수로 활약했다. 현역 시절 선배 유두열을 잘 따랐던 후배이기도 하다.

유두열이란 이름을 영원히 그라운드에 새기고 싶었다.
누구나 그러하다.

그러나 92년,
그 역시 은퇴라는 지점에 서있었다.

4_ 전수

코치 유두열

걷고 걸었다.
이제 다 걸었다는 판단이 들었다.
같이 걸었던 자들 대부분이 사라졌다.
새로운 사명이 주어졌다.

가르침이었다.

은퇴 후 다른 세계로 발을 옮겼다.

선수시절과 크게 다를 건 없었다.

그의 순간을 야구로 채우려했고,
우직하게 반응하려고 애썼다.

잔재주를 부리기보다는,
도도하게 흐르는 굵은 물줄기를 잡으려 했다.

interview 김용희

"놔둬도 할 수 있는, 고집스럽게 하는 친구니까. 거 뭐 이렇게 저렇게 하지 않아도 충분히…코치로서 유두열은 선수 유두열과 똑같습니다. 한결같죠. 딱 원칙. 딱 그래가지고 이리 하라고 하면 '예' 하는 스타일. 선배 입장에서 보면 좋은 후배…한편으론 융통성도 없고…(웃음) 맞아요, 딱 후배 입장에선 그렇죠."

그의 자세는 그대로였지만,
그가 수행해야 하는 내용은 달랐다.

노력하는 수밖에 없었다.

🎤 interview 구은희

"은퇴하고 코치로 넘어갔을 때는 참 많이 노력했어요. 특히 작전코치 연습을 집에서 엄청 하더라구요. 우리가 보기에 이상한 몸짓을 하고...사인 연습을 굉장히 많이 했어요. 하다가도 버벅댈 수가 있고, 그날의 키포인트에 따라서 다양한 사인이 있으니까. 하도 이상한 포즈를 하니까, 제가 '간단하게 해'라고 했어요. 그랬더니 '그렇게는 안 돼'라고 하더라고요."

그의 가르침이 그리 부드럽진 않았다.

확실히 짚고 싶었다.
그게 옳다고 여겼다.

혈기를 부리기도 했다.

그게 그가 가르치는 방식이었고,
그가 살아온 방식이었다.

 interview 김응국

"유두열 선배는 맺고 끊는 게 확실했죠. 꼼꼼했고...꼼꼼했다는 건 후배 선수들이 다른 방향으로 가는 건 절대 안 놔뒀다는 거예요. 운동할 땐 확실히 하시고, 또 놀 땐 확실히 노시고...한번은 고기를 사주셨는데, 알고 보니 그게 개고기더라구요(웃음). 롯데 코치 땐 주로 2군에 계셔서 자주 못 봤는데 선수들을 엄하게 다뤘다는 이야기를 들었어요. 그때야 뭐 의욕이 앞서서 그랬을 거예요."

김응국
'호랑나비' 김응국. 투수로 롯데에 입단했던 그는 1989년 후반기 타자로 전환을 시도했다. 그의 야구 인생을 건 모험이었다. 10경기에 출전하며 기록한 타율이 무려 4할8푼3리. 그렇게 그는 롯데 자이언츠 타선의 중심으로 떠오르기 시작했다. 롯데 자이언츠 한 팀에서만 16시즌을 뛰며 통산 출장경기, 통산 타석, 통산 최다안타, 통산 최다타점, 통산 최다볼넷 등 대부분의 기록을 갖고 있다. '두용 후원회'가 유두열, 김용철 이후의 선수를 찾고 있을 때 유두열은 김응국을 추천했다. 성실하다는 게 그 이유였다.

가르침의 결(結)도 시간에 따라 조금씩 변해갔다.

롯데 코치 시절,
2군 선수를 집에 데리고 있으면서 가르치기도 했다.

한화 코치 시절에도,
그는 그만의 따뜻함을 은은하게 풍겼다.

 interview 이양기

"코치님은 한화에 2군 코치로 오셨거든요. 보통 아침에 일찍 운동을 하니까 선수들이 거의 아침을 굶고 나와요. 그 부분을 체크를 많이 하셨는데, 솔직히 안 먹었다고 이야기하면 '밥 먹고 와라 내가 책임질 테니까'라고 하셨어요. 9시에 운동을 시작해야 해서 딜레이가 될 수 있어도 그렇게 하셨죠…카리스마가 있으셨는데, 은근히 장난도 치셨어요. 저를 보면서 기양이라고 장난도 치시고…사실 코치가 선수를 이용해먹을 수도 있거든요. 그런데 그런 게 없었어요. 따뜻한거…그런 걸 좀 느꼈죠. 옛날 추억 이야기하는 것도 좋아하셨어요. 빼빼로 CF 찍은 이야기도 하시고. 자기는 정말 열심히 했는데 연봉을 너무 안 올려줘서 재미없었다. 니들은 그러지 않으니 열심히 해라…그런 말씀도 하시고. 그리고 뭐, 윗사람들한테 아부를 떤다거나 그런 거 전혀 못 하시기도 했고…"

이양기
2003년 한화 이글스에 입단한 이양기. 청소년 시절 아버지를 여읜 이양기는 코치 유두열을 통해 아버지의 정(精)을 느끼곤 했다. 그는 유두열이 한화 이글스를 떠난 뒤에도 안부를 주고받으며 끈을 이어갔다. 1군보다는 2군에 있는 시간이 더 많았던 그는 2013년 은퇴의 기로에서 1군에 올라 8월 이후 46경기에 출전하여 타율 3할1푼5리를 기록하며 최고의 시즌을 보냈다. 15년간 한화 한 팀에서 활약하며 '영원한 한화맨'으로 2017년 6월, 은퇴를 결정했다.

그가 감독을 맡았던 김해고.
당시 야구 명문과는 거리가 멀었던 학교.

감독이 되었다고 뒷짐을 지진 않았다.

순간을 야구로 채우려고 하는 그의 자세는,
감독이 되어서도 그대로였다.

2년,
그가 김해고에 열정을 쏟을 수 있었던 기간이었다.

길다면 길지만,
아쉬움이 남는 기간이었다.

 interview 김종철

"(김해고) 부임 첫 날, 차에서 내리시는데 키에 비해 어깨가 너무 딱 벌어져서 작은 거인 같은 느낌이었어요. 속으로 '아 큰일났다. 힘들겠다. 빡시겠구나...' 싶었죠. 집합해서 인사드리고 간단히 감독님 말씀 듣고...그 날 구두 신으신 채로 첫날 그 복장 그대로 티배팅도 하시고 같이 연습했던 기억이 납니다. 운동장에서 항상 같이 하시는 감독님이셨어요. 그 더운 여름날에도 수건을 물에 적셔서 목에 두르시고 사이드에서 펑고 치시던 기억이 나네요. 한마디로 절대 앉아계시지 않던 감독님이었어요."

김종철
유두열이 김해고 감독으로 있었던 2년여의 시간 동안 김해고 주장이자 중견수였던 선수. 지금은 야구인이 아닌 일반 직장인으로 살아가고 있다. 그가 결혼을 했던 2016년 1월, 유두열은 항암투병 중 아픈 몸을 이끌고 노란색 패딩점퍼에 마스크를 착용한 채 결혼식장을 찾았다. 김종철은 11여년의 야구 인생을 돌아보며 유두열을 '열정, 곧은 심지, 절제력이 최고였던 감독'으로 기억했다. 또한 그는 유두열을 추억하며 "기량이 떨어지거나 조금 부진하거나 하면 훈련량으로 조졌던 감독님이에요...(웃음) 그럼 또 어느새 원래 실력이 나오죠."라는 말을 덧붙였다.

감독도 때로 정치를 한다.

정치로 실력을 감추기도 하고,
정치로 수명을 연장하기도 한다.

그는 정치 감독이 되려고 하지 않았다.
정확히 말해, 그러한 DNA 자체가 없었다.

감독에게는 두 개의 길이 놓여 있다.

제자의 미래를 생각하거나, 자신의 입신양명을 꿈꾸거나.
둘은 같이 가야 하지만 하나를 위해 하나를 버리는 경우도 있다.

유두열은 전자를 택했다.

그게 과연 최선이었을까.

모르겠다.
그저 그게 유두열이었을 뿐이다.

🎤 interview 구은희

"가르치는 제자들의 실력이 모자란 것에 대해선 관대했는데 노력하지 않는 건 분명히 화를 냈어요. 선수들 집안 형편에 가슴 아파하며 저 통해서 용돈을 찔러주기도 했고...너무 열심히 가르치고 진심으로 아이들 걱정했으니 후회는 없을 거예요. 그래도 미련은 남았을 거 같네요..."

유두열은 왕년의 스타였다.

누군가는 과거에 매여 현실을 부정한다.
현실과 과거의 충돌은 스타에겐 고역이다.

유두열 역시 마찬가지였다.

그러나 가르침의 순간,
그 충돌이 가르침의 영역에 넘어오지 않았다.

interview 김인식

"코치로서 유두열은 최고죠 최고. 두열이가 좋은 게 뭐냐면 본인이 스타여서 애들이랑 눈높이가 잘 안 맞을 수 있는데도 그걸 다 맞춰서 끌고 가더라고요. 그래도 명색이 그렇게까지 야구 한 친구가 감독으로 와야 하는데 코치로 왔지만, 뭐 이야기할 게 없었죠. 또 프로에서 코치라는 직책을 다 알고 왔기 때문에 딱히 해줄 말도 없었구요. 선수들에게 동기부여 해주는 것도 잘 했고…물론 트러블도 있었죠 가끔. 두열이는 저한테 '형, 그거 아니야'라고 하고, 저는 두열이한테 '그건 니 고집이야 임마'라고 하고…그러다가 소즈 한잔 먹으며 이야기하며 푸는 거죠(웃음). 서로 야구관에 대해서 나누면서…"

야구를 하다.
야구를 가르치다.

둘 사이에 놓인 미묘한 차이를,
때로 버거워하다.

5_ 선명

겉과 속을 일치시킨 사나이

어느 날 남자는 배 위에 섰다.
바다 위로 발을 뗐다.
친구들이 비웃었다.

그는, 그저 믿는 대로 움직일 뿐이었다.

겉과 속이 같았다.
그게 유두열이었다.

한 번 마음을 열면 평생의 친구로 갔지만,
한 번 마음을 닫으면 좀처럼 마음을 다시 열기 힘들어했다.

선명함의 미덕은 신뢰다.
그와 관계 맺은 지인들은 그를 신뢰했다.

선명함은 때로 상처를 준다.
돌아가지 않고 직진한다는 건 충돌을 의미한다.

🎤 interview 구은희

"사적으로 남편을 만나고 마음이 통하면 평생 가는 절친이 돼요. 그런데 바깥에서 남편을 본 사람들 중에 적이 많았어요. 고등학교 감독을 하면서도 좀 그랬어요. 진로 상담할 때 보통 감독들은 '할 수 있습니다. 어떻게든 해볼게요'라고 말하면서 학부형들이 기대를 걸게 만들거든요. 그런데 '여기는 어림도 없으니 넘보지 마세요', '여기여기 중에서 택해야 하고 여기를 가려면 등록금을 내야 하는데 등록금 내면서까지 하시 마십쇼.', 그렇게 말해버리니 학부형들이 당연히 상처를 받죠…"

없는 걸 만들어내고,
있지 않은 걸 있다고 하는 건
그에게는 못 견딜 일이었다.

그건 그에게 신념이었지만
누군가에겐 고집(固執)으로 비춰졌다.

다행히 그의 고집은 순수함에 닿아 있었다.

🎙 interview 김용철

"유두열 선배의 고집...난 그걸 순수하다고 봐요...느낌의 차이겠죠. 순수하고...뭐 사람 좋아하고...언어만 틀리지 저는 고집과 순수함이 거의 똑같다고 봐요...야구에 대한 열정도 그렇고. 사석에서는...부드러워요...(웃음)"

그의 고집이 순수함에 닿아 있다는 건 양날의 검이었다.
인간 유두열로서는 깨끗함을 발산했지만,
사회인 유두열로서는 그만큼 서툴다는 뜻이기도 했다.

냉정히 말해 인간은 믿음의 대상이 되기 어렵다.

유두열은 한 번 마음을 주면 남김없이 주었다.
흑과 백이 분명했던 만큼 여백이 없었다.

여백을 두어야 사람을 객관적으로 볼 수 있다.

유두열에겐 그 여백이 없었다.
여백의 부재로 손해를 보기도 했다.

순수함은 순수함으로 반응해야 하건만,
순수함으로 이득을 챙기려는 자들이 있기 마련이다.

그의 이름과 이력을 활용하여
학교의 잡음을 없애려는 자들도 있었다.

정작, 그에게 주어지는 자리는 없었다.

interview 김용철

"만나면 '아이고 감독님 감독님'하면서도, 실제로는 속으로 '어떻게 하면 이 사람한테 뭘 빼먹을까' 하는 사람들도 있거든요. 주변에서 다 이용하려고 하지, 실질적으로 도움 주려고 하는 사람은 별로 없어요."

들판은 넓었다.

유두열은 그 넓은 들판을 양팔 벌리며 뛰고 싶었다.

순진무구한 한 명의 어린 아이처럼...

이 순진무구한 아이의 선명함은
그라운드에 서면 충성심으로 연결되었다.

그의 선명함이 가장 빛나는 곳은 역시 그라운드였다.

문제는 그가 서있는 곳이 더 이상
그라운드가 아니었다는 거다.

🎤 interview 김인식

"두열이가 군대로 비유하면 명령에 순종하는, 무조건 실행하는...육군에서 시합을 하는데 선임이 '맞고 나가!'라고 하면 맞고 나가는 스타일이에요. 몸을 안 사리고...그렇게 충성심이 강한 스타일이에요."

잔디와 흙은 실은 하나다.
유두열은 그 둘을 명확히 구분했다.

둘을 넘나드는 게
그에겐 버거운 일이었다.

6_ 광야

존재의 이유가 흔들리다.

멈췄다.

통곡했다.

그것도 여러 번.

은퇴 후에도 그는 야구인이었다.
당연했다.

하지만 야구에 몰입할 장(場)이 부족했다.

그가 어떠한 거창한 자리를 기대한 건 아니었다.
문제는 연속성이었다.

공백은 곧 기다림이다.

기다림은 때로 존재의 위축을 가져온다.

멈춤이 길어지면,
존재는 위축된다.

그는 공백을 유두열스럽게 견뎠다.

공백이 괴로웠지만,
공백을 억지로 메꾸려 하진 않았다.
그것 역시 그만의 방식이었고,
그에게는 자연스러운 일이었다.

사실 손 닿을 거리에 있기도 했다.
그러려면 내려놓아야 할 게 있었다.

고집 혹은 자존심 사이에 서서,
그 역시 갈등했다.

자신의 행보에 대하여.

🎙 interview 구은희

"중간에 일을 쉬게 될 때가 있잖아요. 저는 그 때 참 남편이 의아스러웠다고나 할까...2년을 일하면 2년을 쉬고...제 생각에 어디 선배도 찾아가고 하면 좋겠는데...그걸 못하는 거예요. 현역 때는 누구든 만나서 기분 좋게 술도 밥도 쏘고 그랬는데. 자기가 일을 쉴 때면 연락을 못하고 오는 전화만 받는 거예요...가서 이야기도 좀 해보고 그러라고 옆구리도 찌르고 그러면 그걸 그렇게 싫어했어요. 괜히 부담주기 싫다는 게 그 이유였죠. 주변에서는 유두열이가 1년, 2년 쉬고 있었는지도 몰랐다고 해요. 어디서 가르치고 있겠지...하는 거죠. 그렇게 쉬는 시간에는 정말 잠잠히 집에만 있어요 철저하게. 그러면 저는 답답했죠. '두열아 어떻게 지내냐?'라는 질문에 '요즘 쉬고 있습니다' 그거 딱 한마디만 던졌으면 했는데...그걸 못했어요."

그는 분명 레전드였다.

그러나 그것이 그의 인생을 보장해주진 않았다.
그의 심장엔 늘 84년도 한국시리즈가 숨 쉬고 있었지만...

화려한 기억이 살아있지만,
현실은 지극히 평범하다는 것.
아니, 평범함조차 무너진 삶을 견디는 것.
그건 익숙해지기 어려운 일이었다.

그렇다고 그가 화려함을 갈망한 건 아니었다.
그저 그라운드를 바라보았다.

그의 場이 그라운드가 아니어도,
그는 줄곧 그라운드를 응시했다.

은퇴 후 그에게 던져진 삶.

몇 번을 울어야 했다.
물론, 속으로 말이다.

연속성은 없었고,
열정을 불태울 장이 한순간에 사라지곤 했다.

늘 2년이었다.
그에게 주어진 무대는 늘 2년을 넘지 못했다.

🎙 interview 김용희

"두열이가 선수생활을 하면서 얻었던 명성에 비해서 그 후의 삶은 어떻게 보면...상당히 안 좋았다고 봐야죠. 그 부분이 굉장히 가슴이 아파요. 선배로서 잘 챙겨주지 못한 건 아닌가 싶기도 하고...한군데 오래 있지를 못하더라고요. 코치로 가서...김해고 가서도 그렇고 설악고 가서도 그렇고...자기가 했던 운동에 비해선 상당히 그렇죠, 가슴 아프죠...감독으로서의 자질도 분명 가지고 있던 선수였으니까요."

야구인이라면 야구만 바라봐야 한다.
지독하게 야구에 몰두해야 야구를 얻는다.

유두열은 순간을 야구로 채웠다.
적어도 그라운드에 있는 동안만큼은,
오직 야구를 향해 돌진했다.

야구밖에 몰랐던 야구 바보.
그리고 '너무' 야구밖에 몰랐던 야구 바보.

야구밖에 몰라서 성공하기도 하지만,
'너무' 야구밖에 몰라서 어려움을 겪기도 한다.

사실 이건 잔인한 것이며,
우연이 지배하는 영역이기도 하다.

🎤 interview 임호균

"어떻게 보면 두열이는 너무 야구밖에 몰랐던 거 같아요. 물론 뭐 스포츠인이 자기 종목에 대해서 그것밖에 몰라야겠지만...은퇴 이후의 어떤 생활에 있어 가지고 정말 자기가 해보고 싶었던 것은 무엇이었을까...싶기도 하거든요. 두열이는 최고의 스타까진 아니어도 자기가 할 수 있는 부분에 있어서 유두열이란 부분을 분명히 가지고 있었어요. 평생을 야구했던, 어느 정도 이름을 가졌던 선수였기에 어떠한 기회가 주어졌다면 참 좋았을 텐데 말이죠. 그런 부분에 있어서 안타까움과 아쉬움이 크죠."

그의 긴 광야 길에 롯데라는 구단은 무엇을 하고 있었을까.

구단과 선수는 늘 다른 곳을 바라본다.
레전드 선수일수록 더욱 그러하다.

유두열은 자이언츠를 위해 뛰었다.
아니, 자이언츠를 사랑하는 팬들을 위해 뛰었다.

구단은 종종 잊는다.
팬이 있어 구단이 존재한다는 사실을.

구단은 외면한다.
팬들이 사랑했던 레전드를.

팬들을 야구장으로 데려왔던 레전드를...

최동원은 사후에야 영구결번을 얻었다.
이유야 무엇이든, 너무 늦은 결정이었다.

롯데 자이언츠라는 구단은 스토리의 연속성을 보지 못했다.
레전드의 발걸음을 이어가지 못했다.
"이리 온나" 챙기지 못했다.

그들은 그것으로 충분하다 여겼다.

그것은 죄가 아니다.
그저, 그들이 가진 명백한 한계일 뿐이다.
한계가 길어지면 그것이 전통 행세를 한다.
역사 없이 연명하는 구단이 되는 거다.

지금도 롯데 팬들 사이에서 떠도는 말이 있다.

롯데 구단은 우승을 원치 않는다는 말.
4등 정도를 해야 좋아한다는 말.

어쩌면 팬들이 먼저 느끼는지도 모른다.
구단이 레전드를 어떻게 대하는지에 대하여.

레전드 자신보다도 더 먼저 말이다.

잊혀짐은 고통이다.

팬들의 열광은 뜨겁다.

그러나 짧다.

유두열 역시 서서히 잊혀졌다.

 interview 박정태

"항암투병 중이던 유두열 선배님을 위한 일일 호프를 열면서 던지고 싶은 메시지가 있었어요. 그건 팬들을 향한 메시지기도 했어요. '잘 할 때만 유두열이가?', 이거죠. 팬들도 알아야 한다는 거죠."

일일호프
2015년 12월, 박정태는 항암 투병 중이던 유두열을 위한 일일호프를 열었다. 사람들은 박정태가 유두열과 아주 특별한 관계라고 생각했다. 박정태의 이야기는 달랐다. "저 유두열 선배님과 밥 한 번 먹어본 적 없습니다. 하지만 이건 롯데 자이언츠를 위해 열과 성을 다한 선배님에 대한 일종의 예우죠. 모든 조직에는 계보와 전통이 바로 서야 한다고 봅니다. 그걸 만들어가는 데 제가 조금이라도 힘이 됐으면 하는 거죠."

이 넓은 사직구장에 그의 자리는 없었다.

때때로 그는 프로야구 롯데로 온 것을 후회했다.

실업야구 한전에서 직장생활을 했으면
보다 안정적이진 않았을까...
야구인 아닌 생활인 유두열로서의 후회였다.

준비되지 않은 상태에서 출범한 프로야구,
그리고 준비되지 못한 상태에서 시작한 프로생활.

그것에 대한 회한이었다.

7_ 침잠

암이라는 불청객,
유두열을 가라앉히다.

초라해졌다.
나무 밑에 숨었다.

아무도 볼 수 없는 곳으로.

가능성이란 게 있다.
예상이란 게 있다.

암(癌).

그가 가능성을 두지도, 예상하지도 않던 병.

늘, 건강을 자신하던 그였다.

🎤 interview 구은희

"평소 저는 남자들은 감기도 안 걸리는 줄 알았어요. 그 정도로 남편 성격이 강하니까...성격이 강하니까 그러려니 하면서도 감기가 나고 고열이 나고 기침이 나고 그럴 땐 아프냐고 하면 안 아프다고 그러니까...아, 안 아픈가 보다 그랬죠. 저는 세상 남편들은 다 안 아픈 줄 알았을 정도예요. 형식적이지만 1년에 한 번 정기검진을 하고 그러면 콜레스테롤도 없다고 하고 간도 깨끗해서 주변 사람들이 부러워한다고 하니까, 종종 걱정은 되면서도 '아, 정말 당신은 강한 사람이구나' 했죠. 건강에 대해서 걱정을 한 번도 안 했어요."

2014년 9월.

암이란 불청객이 발견됐다.
한군데도 아니고 세 군데였다.

신장. 폐. 간.

처음에 그는 그 암을 가볍게 여겼다.
그냥 그렇게 금방 나을 거라 여겼다.
치료받고 나면,
암 덩어리 따위는 금방 사라질 거라 여겼다.
어찌 보면 그다운, 무척이나 순진한 생각이었다.

순진무구한 그에게 현실을 직면하게 하는 건 가족에게 고통이었다.

마침내 현실에 직면한 순간,
그는 방에 들어가 이틀의 시간을 보냈다.

그리고 이틀 만에 방문을 열고 나와 아내에게 던진 말은,

"내가 언제 죽는다더냐?"

🎤 interview 임호균

"프로 때 누렸던 명성에 비하여 은퇴 후에는 두열이에게 기회가 별로 없었죠. 그랬을 때 받았을 스트레스가 대단했을 거예요. 그 삶이라는 게, 아마추어 야구라도 어느 한군데서 지도자로서 롱런을 했으면 그나마 스트레스를 덜 받지 않았을까 싶은데, 상당히 쉽지 않은 지도자 생활을 했거든요. 여기저기 돌아다니면서 지도자 생활을 하다보니까 아마 그런 데서 받은 스트레스가 어떤 병으로서 전이가 될 수도 있었다고 저는 충분히 생각이 들어요..."

현실에 직면하자,
한없이 가라앉기 시작했다.

현실에 직면한 그는 세상을 향해 문을 닫았다.
전화만 오면 "어디고?"라며 달려가던 그였다.

암 덩어리가 퍼진 유두열은 세상을 피했다.
모든 전화에 귀를 닫았다.

아내가 움직여야 했다.

남편이 잠든 사이, 전화기를 들어 상황을 알렸다.

interview 김용희

"운동 선수들은 자존심이 있어서 몸이 아프고 그래도 이야기 안 합니다. 혼자 끙끙 앓고 그래요...운동할 때는 누구보다 자신 있고 누구보다 건강하고 그렇다고 생각하는데 몸이 아프면 자기가 졌다고 생각하니까...남들한테 이야기를 안 하죠. 오히려 숨게 되는...두열이 아픈 건 대부분 몰랐을 거예요. 저도 나중에서야 알게 됐죠..."

유두열은 깊은 어둠을 택했다.

병원에 가서 약을 타오는 시간 외에는 꼼짝도 안 했다.

잠잠히,
그야 말로 잠잠히…

모든 걸 혼자 삭히기 시작했다.

시간이 필요했다.
그가 걸어온 인생에 찾아온 암이라는 불청객을,
그만의 방식으로 소화할 시간이 필요했다.

그러려면, 입과 귀 모두를 닫아야 했다.

그것이 인간 유두열에게는,
최선의 선택이었다.

하나둘씩 지워갔다.
어느새, 드넓은 외야에 홀로 서있었다.

8_ 창조

더 큰 이야기를 발견하다.

눈에 보이는 게 전부가 아님을,
남자는 깨닫기 시작했다.

누구도 그를 향해 쉽사리 손을 뻗지 못했다.

저 멀리, 유두열의 소식을 듣고 피가 끓던 사내가 있었다.
박정태였다.

대선배 유두열을 그냥 이렇게 둘 수 없다 여겼다.
용기를 내서 전화를 걸었다.
선배 유두열을 위한 일일 호프를 열겠다는 것이었다.

유두열에겐 두 가지 길이 놓여 있었다.

더 깊은 곳으로 침잠하거나.
침잠을 멈추고 손을 잡거나.

그는 후자를 택했다.

🎤 interview 구은희

"박정태 선수에게 전화가 왔어요. 저한테 먼저…그리고 전화가 또 왔죠. 처음에 남편은 '뭘 그렇게 알리느냐'라면서 반대하더라구요. 그래서 제가 그랬죠. '팬이지 않느냐. 나 어디 아프다는 이야기가 아니잖느냐. 팬들 보고 싶지 않느냐'라고…그랬더니 거의 반나절을 잠잠히 있더라고요. 제가 남편에게 '우리 해보자, 가보자' 했죠. 그렇게 진짜 처음으로 세상 밖으로 나갔어요. 박정태 선수가 남편을 세상 밖으로 나오게 해준 셈이죠."

선수 유두열은 붉은색이었다.
감독 유두열은 파란색이었다.

투병을 했던 유두열은 흰색이었다.

이렇듯 그에겐 새롭게 피어나는 변화가 있었다.

사람들은 보통 외적인 변화를 본다.

진짜 변화는 그의 내면에서 시작됐다.

삶을 쥐고 있던 손에서 힘을 뺐다.
최소한의 품위를 빼곤 전부 다.

그가 지키려던 품위는
자이언츠 맨으로서의 자부심이기도 했다.

그가 가진 고유의 결(結)은 그대로 이어졌다.

다만, 인생을 그대로 받아들이는 법을 배우고 있었다.

광야 길을 걸을 때보다 더욱 적극적으로.

육체의 고통은 사람을 겸손하게 한다.

저 위로 높게 쌓여있는 파도 앞에 그는 오히려 침착해졌다.

특유의 고집도 적정량을 찾아가기 시작했다.

고통 앞에 고개 숙인 유두열은
지난 삶을 정돈하기 시작했다.

인간이 만든 소망을
더 굵직한 섭리에 맡기는 법을 배워갔다.

그의 이야기를 더 큰 이야기에 집어넣기 시작했다.

누군가 강제해서가 아니었다.

그가 걸어온 인생의 결 위에서 스스로 택한,
그가 붙들어야 하는 진리였다.

물론, 특유의 자존심은 여전했다.

저 위에 놓인 하늘을 보기 시작했다.

그는 끝까지 아파도 아프다고 말 못했다.
그 한마디를 못했다.

그래도 그 아픔을 끌어안고,
자신이 어디로 가야 하는지,
자신이 어디로 가고 있는지
알고 있었다.

2016년 9월 1일,
그는 세상을 떠났다.

야구 선수 유두열로.

유두열의 마지막을 덮은 건 롯데 유니폼이었다.
롯데라는 애증(愛憎)을 품고 세상을 떠났다.
33이라는 숫자를 새긴 채...

그에게 어울리는 마지막이었다.

1984년 가을은 끝까지 유두열과 함께했다.

빈소에, 그날 사용한 글러브가 놓인 건 당연했다.
색이 바랜 글러브가 조문객을 반겼다.

야구 선수 유두열다운 인사였다.

9_ 본능

가족바보 유두열

옷을 하나 지어주었다.
자신을 닮은 아들에게.

인생에 최선을 다하였다.
자신을 바라보는 아내를 위하여.

가장이라면 누구나 자녀를 사랑한다.

그는 좀 유별났다.

🎤 interview 구은희

"한 번은 아이들 오줌 눈 걸 식탁에 올려놨어요. 남편이 그게 물인 줄 알고 마시는 거예요. 보통 한 모금 마시면 '아!' 할 법한데, '내 새끼 오줌인데 뭔 상관이 있느냐'면서 더 마시려고 하는 걸 제가 말렸거든요. 그리고 애들 한창 클 때 침 같은 거 흘리잖아요. 그걸 휴지로 닦아 버리면 아까워가지고 진짜 받아먹으려고…하여간 아주 유별난 사람이었어요. 아이들 샤워시킬 때는 늘 손바닥으로 샤워를 시켰어요. 타월로 닦아주면 아깝다고 할 정도로. 투병 중에도 아이들이 방으로 들어가는 뒷모습만 봐도 그렇게 기분 좋아했어요. 쳐다보기도 아깝대요. 사람들은 남편의 이런 모습을 아마 못 믿을 거예요."

두 아들 모두 야구를 했다.

큰 아들은 방향을 바꿨고,
작은 아들은 여전히 야구를 한다.

기대를 걸었던 건 큰 아들이었다.
아빠를 빼닮아 우직하고 성실했다.

20살을 넘어 얼마 되지 않아,
큰 아들은 야구를 그만뒀다.

아빠의 실망감은 컸다.
그러나 그 역시 아들의 인생이었다.

보통의 아버지가 그러하듯,
기대와 현실의 차이를 받아들여야 했다.

두 아들

유두열의 아내 구은희는 남편이 야구할 때는 그저 그것을 '직업'으로 바라보았다고 한다. 운동하면 다 잘하고 돈 다 잘 버는 줄 알았다고 한다. 그러나 두 아들 모두가 야구를 하기 시작하자 야구 선수를 바라보는 시선이 달라지기 시작했다. 큰 아들 재준은 야구를 그만 두고 잠시 아버지를 도와 김해고 코치를 맡기도 했다. 당시 김해고 선수 부모님들의 경제적 사정을 고려하여 강구한 방법이었지만, 그 또한 주변 사람들에게 '감독이 아들 데리고 다 해 먹었다'라는 식으로 오해받기도 했다. 프로에 입단하여 주로 대주자로 활약한 둘째 아들 유재신을 보며 유두열은 속으로 자주 울곤 했다. 그런 아들이 행여나 부담 느낄까 걱정되어 아들과 통화할 때면 그는 늘 "아들, 아빠는 널 믿는다"라며 격려를 했다. 그래놓고 아내 구은희에게 "재신이 집에 오면 방망이 각도가 이렇게 틀어졌다고 전해죠." 라는 식으로 간접적인 충고를 던지곤 했다.

그에게 질문은 사랑이었다.

외국에 나가면 매일 아내에게 전화를 했다.
밥은 먹었는지...
꼭 반찬을 구체적으로 물어봤다.

한 번은 후배 기자가 갑자기 집에 방문했다.
그렇게 갑자기 올 줄은 몰랐다.
그는 마늘을 빻고 있는 유두열을 보고 놀랐다.
자기가 보고 있는 게 맞느냐고...

매년 아내의 생일이면 꽃을 사오는 남자,
그가 유두열이었다.

그는 현역 시절,
아내가 자신의 경기를 보러 오는 걸 참 좋아했다.
단, 해태와의 경기는 오지 말라고 했다.
혹시나 있을지 모를 참사가 걱정되어서...

다 같이 걸어가던 중,
유두열은 갑자기 아내 손을 놓더니 왼쪽으로 갔다.
한 손에 아이들 손을 잡고 있던 아내는 서운했다.

그는 뒤도 안 돌아보고 걸어갔다.

그러더니 저 위에서 아내를 향해 이야기했다.

내가 있는 곳은 좁고 긴 길이기 때문에,
한꺼번에 오기 힘들다는 것이었다.

정말 그 길은 좁고 긴 길이 쫙 펼쳐진 길이었다.

그는 그 곳에 서서 말했다.
천천히 오라고...

애들 장가 보내고 손주까지 다 보고 눈에 담아서 오라고...

세상을 떠난 유두열은
꿈을 통해 말했다.

그는 순간을 야구로 채우려 했다.
그건 그의 목표였다.

그는 가슴을 가족으로 채우며 살았다.
그건 그의 본능이었다.

야구 바보 유두열.
가족 바보 유두열.

MVP 유두열.

경기를 마치고 구단버스로 향하는 유두열.
매일 기록으로 평가받는 프로야구의 냉혹함을 그 역시 피해갈 수 없었다.
결국 그가 택한 길은 연습, 또 연습이었다.

경리단 시절의 유두열. 백넘버 12를 달고있는 선수가 유두열이다. 나란히 누워있는 선수들에게서 순진무구한 기운이 뿜어져 나온다. 실제로 그러하다. 와일드해 보이는 야구 선수들 대부분의 내면은 순진무구하다.

아이들과 유두열이 가진 공통점이 있다. 첫째, 순수하다는 것.
둘째, 좋고 싫은 게 분명하다는 것. 셋째, 웃음이 맑다는 것.
유두열은 평생을 아이와 같은 순수함을 간직하며 살아갔다.

일간스포츠 1982년 9월 15일 자 기사. 국가대표 유두열. 그는 1982년 세계야구선수권대회 호주와의 경기를 승리로 이끌었다. 이 경기의 승리는 결국 우승의 디딤돌이 됐다. 그는 그다지 화려한 편은 아니었다. 그러나 묵묵히 자리를 지키며 팀 승리를 돕는 존재였다.

사인은 추억이다. 어릴 적 야구로 추억을 쌓은 사람은 나이가
들어서도 야구팬으로 살아간다.
아이들에게 추억을 선물하고 있는 유두열. 유두열의 지인들은
그의 필체가 참 좋았다고 기억한다.

경리단 시절의 유두열과 김용희. 군시절 선후임으로 함께한
둘은 롯데 자이언츠에서 인연을 이어갔다.
김용희는 군(軍)시절의 유두열을 '군기반장'으로 추억했다.

그라운드와 연습장을 벗어난 선수들을 보는 건 그 자체로 흥미롭다. 어쩌면 이러한 사진이야말로 선수들을 날것 그대로 바라볼 수 있는 통로가 되기도 한다. 선글라스의 향연이 돋보인다.

유두열을 후방에서 응원했던 '두용 후원회'. 두용 후원회는 훗날 김응국을 응원하며 '두용 김응국 후원회'로 이름을 바꿨다. 이들 모두 야구를 사랑했고 선수들을 형제처럼 아꼈던 사람들이었다.

실업야구 한국전력 시절의 유두열. 방망이를 치켜세운 채 타석으로 향하고 있다. 유두열이라는 세 글자가 서서히 사람들에게 새겨지기 시작하던 시절이다.

학생들에게 사인을 해주고 있는 경리단 시절의 유두열. 백넘버 12가 새겨진 검은 가방이 유두열과 잘 어울린다. 야구 선수들 대부분은 누군가에게 사인을 해줄 때가 행복한 시절이었음을 은퇴 후에 깨닫곤 한다.

상의를 탈의한 채 공을 던져 주고 있는 유두열. 그 옆에 서서
롯데 자이언츠 정영기가 힘차게 배트를 휘두르고 있다.
선수들은 반복되는 연습을 통해 자신만의 루틴을 만들어간다.

환하게 웃고 있는 양상문과 유두열. 1985년 롯데 자이언츠에 입단한 양상문은 1986년 시즌을 마친 뒤 임호균과 함께 청보 핀토스로 트레이드됐다.

'환영 롯데 자이안즈'라는 현수막 아래 서서 포즈를 취한 유두열.
거칠게 잘린 그의 짧은 바지가 인상적이다.
전지훈련의 기간은 한해 농사를 준비하는 소중한 시간이었다.

고기를 썰고 있는 김용희, 그리고 김용철. 그 뒤로 음료수를 마시는 유두열이 보인다. 선수들은 생(生)을 공유한다. 함께 먹고 땀을 흘리며 희로애락을 주고 받는다.

Happy Home

유두열〈롯데〉부부

아들을 유명한 야구선수로 키우고 싶다는 거인군단 공포의 홈런타자 유두열(32), 부인 구은희씨(29)와 큰아들 재준군(3)과 함께 바닷가로 산책을 나왔다.
지난해까지는 부진했지만 금년시즌에는 공포의 방망이를 휘둘러 열광적인 부산 팬들의 마음을 시원하게 해주겠다고 각오가 대단하다.
(사진·釜山—張元祐)

유두열, 아내 구은희, 그리고 장남 재준 군. 잡지 촬영에 대비하여 산뜻하게 차려입은 가족. 유두열에게 가족은 생명과도 같았다.

야구 선수 유두열이 아닌, 일상(日常)의 유두열. 해맑게 웃고 있다.
굳게 입을 다물고 있는 유두열과 해맑게 웃는 유두열은 천지차이였다.

에필로그

#1

"지금도 아버지를 생각하면 눈물이 나요"

유두열의 장남 재준 군은 인터뷰를 하며 이렇게 말했다. 그는 아버지가 살아내야 했던 인생의 파도를 기억하고 있었다. 어쩌면 그건 장남이라면 짊어져야 할 십자가와도 같다는 생각을 했다. 차남 재신 군 역시 아버지를 그리워했다. 그러나 형이 아버지를 기억하는 방식보다는 좀 더 가뿐하게, 좀 더 쾌활하게 아버지를 추억한다는 느낌을 받았다. 두 아들 모두 아버지를 사랑하고 그리워했지만, 그 느낌이 조금 달랐다는 거다.

인터뷰를 수차례 진행하며 유두열의 아내 구은희는 매번 눈물을 왈칵 쏟았다. 아마도 아내 구은희야말로 남편 유두열의 삶을 온몸으로 받아낸 최전방의 가족이었을 거다. 그의 울음이 처음에는 당황스러웠지만, 유두열의 삶에 가까이 다가갈수록 그가 흘리는 눈물이 자연스럽게 느껴졌다.

프롤로그에서도 밝혔지만, 이 책은 바로 아내 그은희, 장남 재준 군, 차남 재신 군을 위한 책이다. 이름이 알려진 스포츠 스타의 가족으로 살아간다는 것은 그 자체로 커다란 인생의 짐이기에 이 책이 가족들에게 위로와 격려의 책이 되기를 간절히 바라며 썼다. 유두열의 가족이 〈MVP 유두열〉을 통해 힘을 얻을 수 있다면, 그건 이 책이 맺을 수 있는 최고의 열매라 본다.

#2

감사의 마음을 전하고 싶은 여러 사람들이 있다. 〈MVP 유두열〉을 전체적으로 기획하고 방향을 잡아준 사하라 북스 나요한 대표, 책의 콘텐츠에 세련된 옷을 입혀준 이정민 디자이너에게 감사의 마음을 전한다. 부산, 연천 등 반복되는 출장길에 동행하며 출판 작업에 필요한 여러 요소를 채워준 멀티 플레이어 정현덕, 그리고 열정적으로 사진을 찍어가며 책에 생명력을 불어넣은 윤지훈 작가 역시 참으로 고마운 존재다. 또한 〈MVP 유두열〉의 취지에 공감하며 인터뷰에 응해준 강병철 감독, 김용희 감독, 이희수 감독, 김인식 감독, 임호균 감독, 김용철 감독, 김민호 코치, 김응국 코치, 박정태 레인보우재단 이사장, 지금은 은퇴한 이양기 선수, 김은식 작가, 박현주 작가 등 모든 분들께 감사의 마음을 전한다. 또한 책의 시작부터 마침까지 끊임없이, 응원하고 격려해준 사랑하는 동생 윤병희와 기형도에게 감사를 전한다. 마지막으로, 〈MVP 유두열〉 제작을 제안하고 물심양면으로 정성을 기울인 유두열의 친구 김원수 목사께 특별한 감사를 전하고 싶다.

#3

  내게 남들에게 없는 나만의 시선이 있다면, 그건 어머니와 아버지 덕분이다. 사람을 향해 눈물 흘릴 줄 아셨던 어머니, 사람을 향해 차분한 시선을 던질 줄 아셨던 아버지. 두 분을 보고 자라며 익혔던 시선 덕분에 〈MVP 유두열〉이란 책이 탄생할 수 있었다. 또한 책이 쓰여지는 동안 남편의 희로애락을 묵묵히 함께해준 아내에게 감사를 전하고 싶다. 취재와 집필이 내 뜻대로 되지 않을 때마다 아내를 통해 쉼을 누리며 다시 힘을 낼 수 있었다. 더불어 내게 소명을 안기고 그것을 이루어가게 하신 하나님께 최고의 감사를 전한다. 하나님이 없었다면 이 책의 시작도 마침도 당연히 없었을 거다.

〈MVP 유두열〉은 이 책의 가치에 공감하여 출판을 진심으로 바라는 사람들의 후원을 통해 제작되었습니다. 〈MVP 유두열〉은 상업적 가치를 따져가며 시작한 책이 아니었습니다. 그저, 대한민국 프로야구에서 꼭 기억되어야 할 한 선수의 삶을 붙들기 위해 시작된 책이었습니다. 다행히 여러 통로로 〈MVP 유두열〉에 힘을 실어주는 분들의 격려와 실질적인 지지를 받을 수 있었습니다. '다음 스토리펀딩'을 기반으로 하여 유두열 감독님을 사랑했던 팬들과 지인들, 그리고 일반 야구팬들에 이르기까지 정말 다양한 영역에서 〈MVP 유두열〉을 위한 후원이 이뤄졌습니다. 아무리 좋은 콘텐츠가 있어도 그것을 책이라는 형태로 만들어내기 위해 필요한 건 역시나 자본입니다. 자신의 일처럼 뛰어들어 마음을 쏟아주신 모든 분들께 진심으로 감사를 드립니다. 〈MVP 유두열〉의 진정한 작가는 바로 이 책을 향해 정성을 보여주신 여러분들입니다.

후원 명단

강성복	고영철	고은정	곽승규	권영숙	김광진	김다정
김대현	김문중	김범진	김재성	김지영	김창희	김현진
김혜진	김효재	노태양	마산용마고 49회		민지현	박양민
서윤조	서정숙	손동혁	안진숙	오요한	오진우	유진근
윤병희	윤상희	윤성진	윤종은	이나래	이범두	이상우
이양기	이우진	이원영	이윤성	이정자	이준하	이지수
이창규	이창열	이환규	임성배	임영복	장근대	장세준
전경남	정동호	정미량	정윤희	지호영	천차남	최용숙
최재원	최한원	황성재				

MVP 유두열

초판 1쇄   2017년 9월 1일

지은이   소재웅
제작   사하라
출판기획   나요한
북디자인   DECLAY 이정민
사진   윤지훈
교정교열   소재웅
홍보기획   정현덕
인쇄제작   디노마드

펴낸곳   SAHARA BOOKS
주소   서울 광진구 광장로 78 광성빌딩 202호
전화   02_453_7068
홈페이지   www.thesahara.co.kr

ISBN 978_89_98733_97_1 03190
책값은 뒤표지에 있습니다.

이 도서의 국립중앙도서관 출판시도서목록(CIP)은 서지정보유통지원시스템 홈페이지(http://seoji.nl.go.kr)와 국가자료공동목록시스템(http://www.nl.go.kr/kolisnet)에서 이용하실 수 있습니다.
(CIP 제어번호: 2017021563)